Nackte Frauen aus dem Orient

Eine Reise durch das koloniale Nordafrika

Jürgen Prommersberger: Nackte Frauen aus dem Orient –
Eine Reise durch das koloniale Nordafrika
Regenstauf, Januar 2016

Alle Rechte am Werk liegen beim Autor:
Jürgen Prommersberger
Händelstr 17
93128 Regenstauf

Erstauflage
Herstellung: CreateSpace Independent Publishing Platform

Vorbemerkung

Sklaverei und „Ehre" in islamischen Gesellschaften

Sklaven, auch königliche Sklaven, besaßen in islamisch geprägten Gesellschaften offiziell keine Ehre. Ihr Status als Sklave bedeutete, dass sie abgetrennt vom allgemeinen Kodex lebten, der das Leben und den Status eines Freien bestimmte im Rahmen von Verwandtschaft, Familie und Religion. Einmal in der Versklavung, konnten gesellschaftliche Normen, die sich aus Verwandtschaft oder Religion ergaben, vollständig ignoriert werden. Alle Sklaven, ob nun königlich oder nicht, waren von sämtlichen sozialen Rechten ausgenommen, einschließlich des Rechtes über den eigenen Körper und der eigenen Sexualität, aber sie waren auch ausgenommen von Pflichten, Zwängen und Verantwortlichkeiten, denen die freien Individuen in der sozialen Gemeinschaft unterlagen. Dies kommt insbesondere in der sozialen Wertkomponente „Ehre" zum Ausdruck, die formell jedes freie Individuum besaß, das sich nicht etwas besonders Verachtungswürdiges zuschulden hatte kommen lassen. Die Existenz eines Begriffs wie „Ehre" setzt aber auch voraus, dass es etwas wie „Schande" geben muss. Eine Schande entsteht dabei immer aus der Verletzung einer allgemeingültigen, sozialen Norm. Dabei ist es weniger von Belang, ob diese

Norm als Gesetz kodifiziert ist oder ob es sich bei dieser Norm um eine „gute Sitte" handelt. Da ein Sklave offiziell keine Ehre besaß, gab es auch nichts, für das sich ein Sklave hätte schämen müssen (oder können). Wo keine Ehre ist, ist auch keine Scham, so war die allgemeine Sicht. Während beispielsweise eine freie Muslimin sich schämen musste, das Haus zu verlassen, ohne dass ihr Körper dabei vollständig bedeckt war, so war das öffentliche, leichtbekleidete oder nackte Auftreten für Sklavinnen vollkommen legitim, „da sie sich ja dafür nicht zu schämen braucht". Das Gleiche gilt z. B. für Feldarbeit, für die sich eine muslimische „Frau von Ehre" in der Vergangenheit allerdings hätte schämen müssen.

Der vorliegende Bildband zeigt diese Frauen. Sklavinnen, Tänzerinnen, Prostituierte, Masseusen. Alles Mädchen und Frauen, die in den Augen der Gesellschaft über keinerlei Ehre verfügten und die sich also für ihre Nacktheit auch nicht zu schämen brauchten.

Regional stammen die Bilder aus den damaligen Kolonialgebieten Frankreichs. Also hauptsächlich aus Marokko, Algerien und Tunesien. Zeitlich datieren die Bilder aus der Epoche des späten 19. Jahrhunderts bis etwa in die Zeit des 1. Weltkriegs.

JEUNE BARBARINE

Types du MAROC. - Esclave

BÉDOUINE REVENANT DE LA CITERNE

TANGER
Joven Marroqui

73. - MAROC. - Une Femme à Fez

24

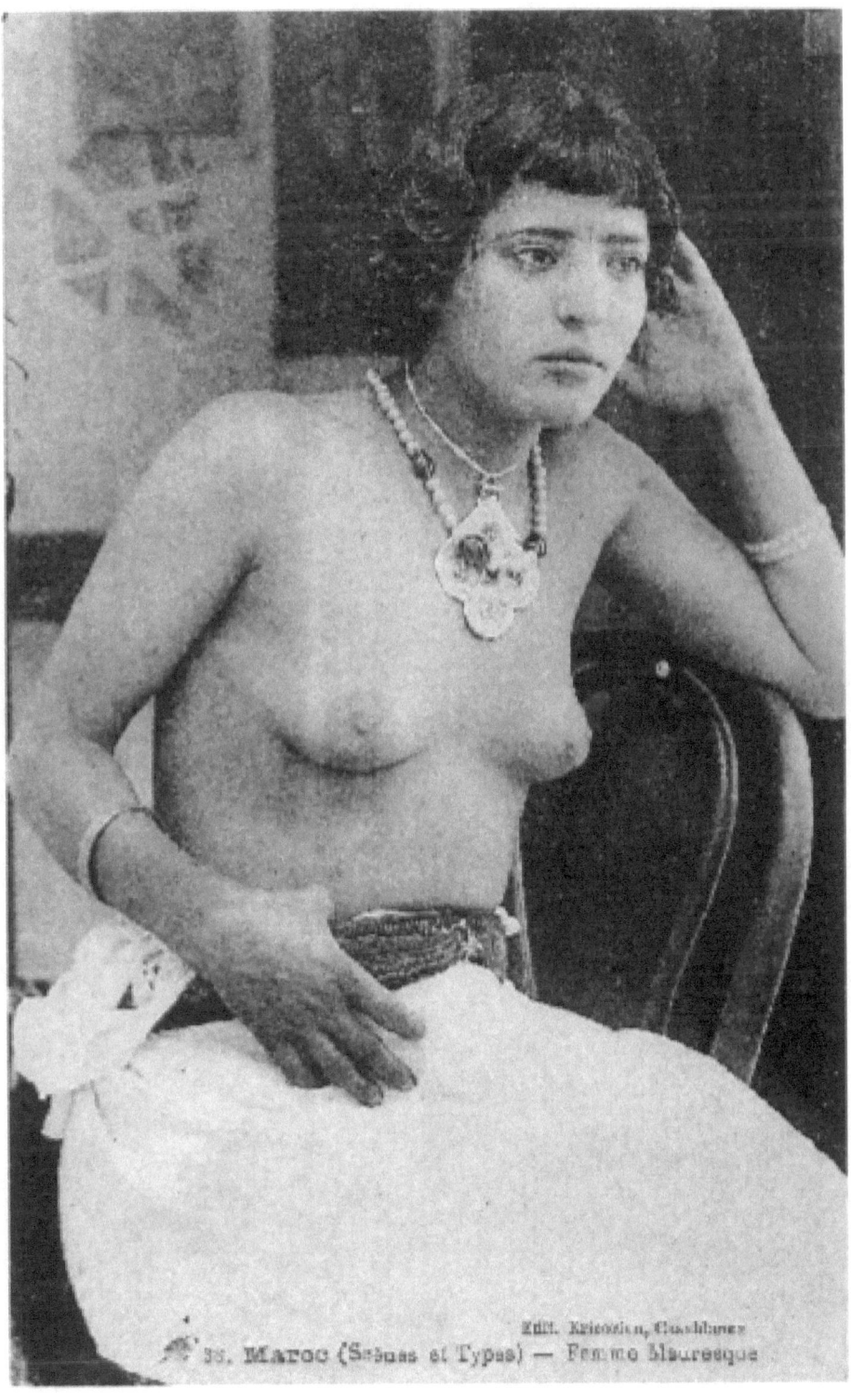

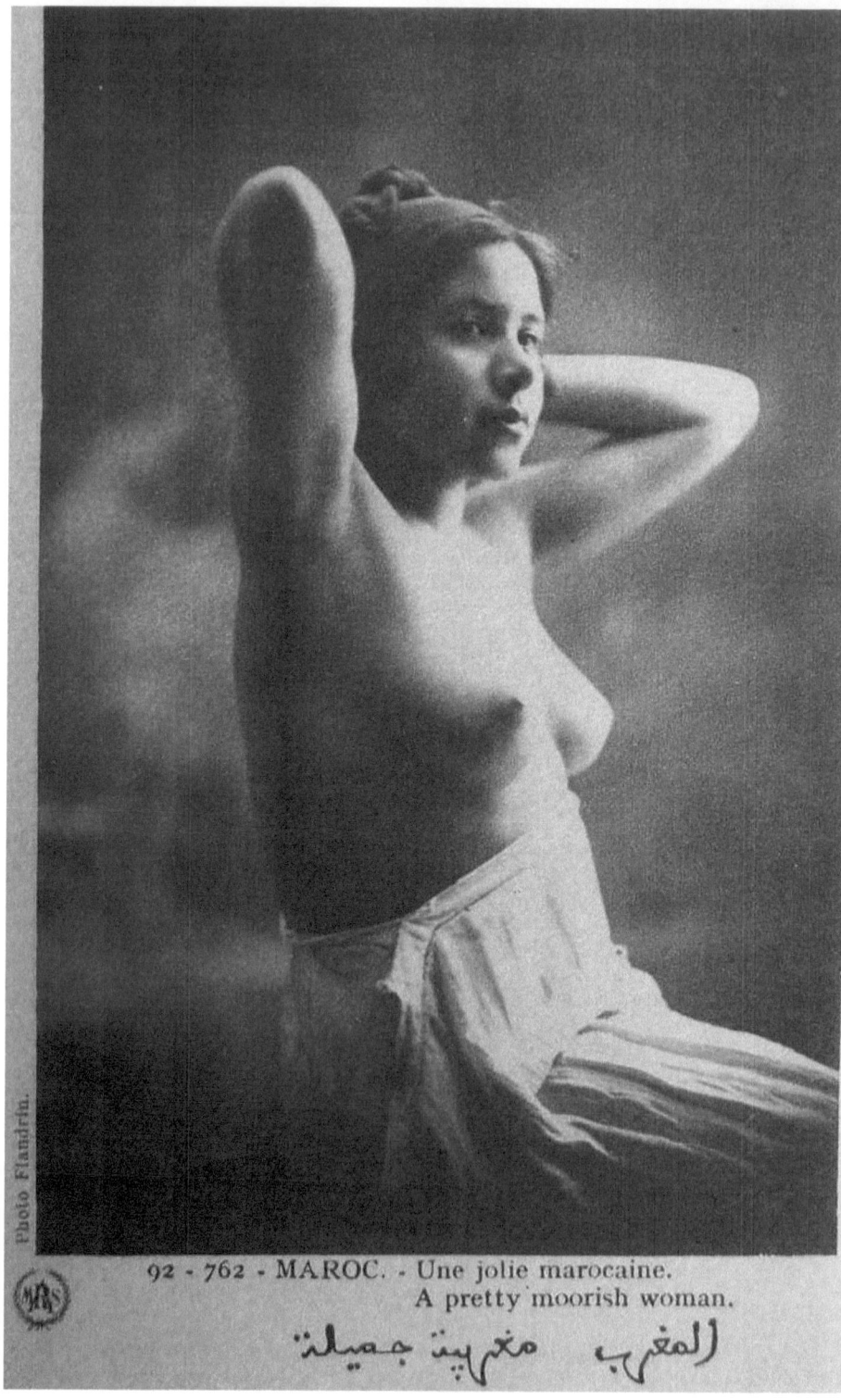

SOUVENIR D'ORIENT
Danse Orientale

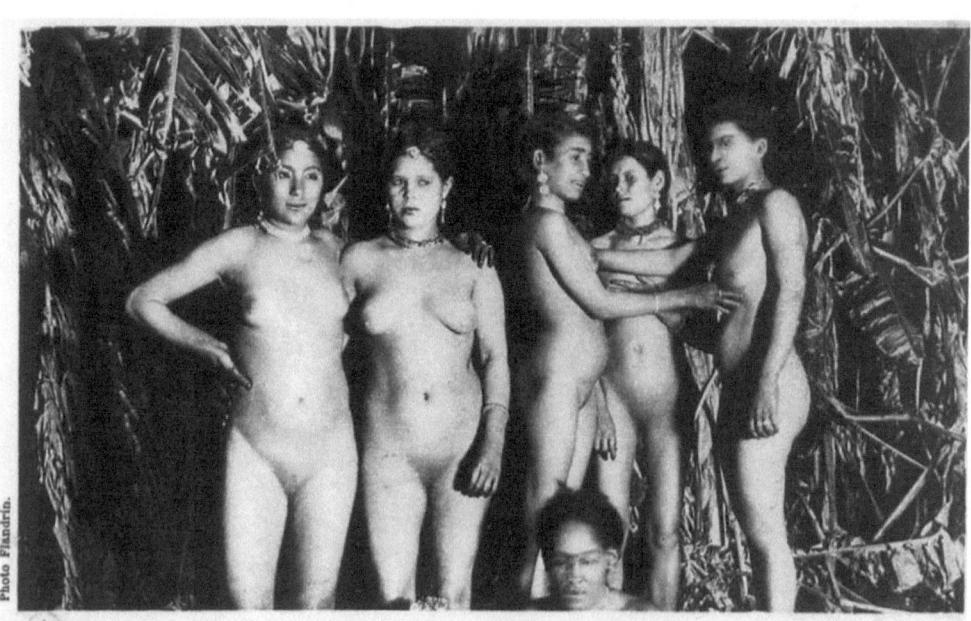

Photo Flandrin 713. MAROC — Le Sourire de Yamina !

Photo Flandria
712. MAROC
Au Quartier réservé - Une femme du Sud

Photo Flandrin 681. MAROC — La danse du ventre

Photo Flandrin 680. Femme Marocaine

16. — ESCLAVES SUR LA TERRASSE D'UNE CASBAH FÉODALE.

614. — ESCLAVE A LA FONTAINE.

Photo Flandrin — 589. - MAROC — Jeune berbère nue.

61 — MAROC — Fleur de brousse
Photo Flandrin — Reprod. Interd.

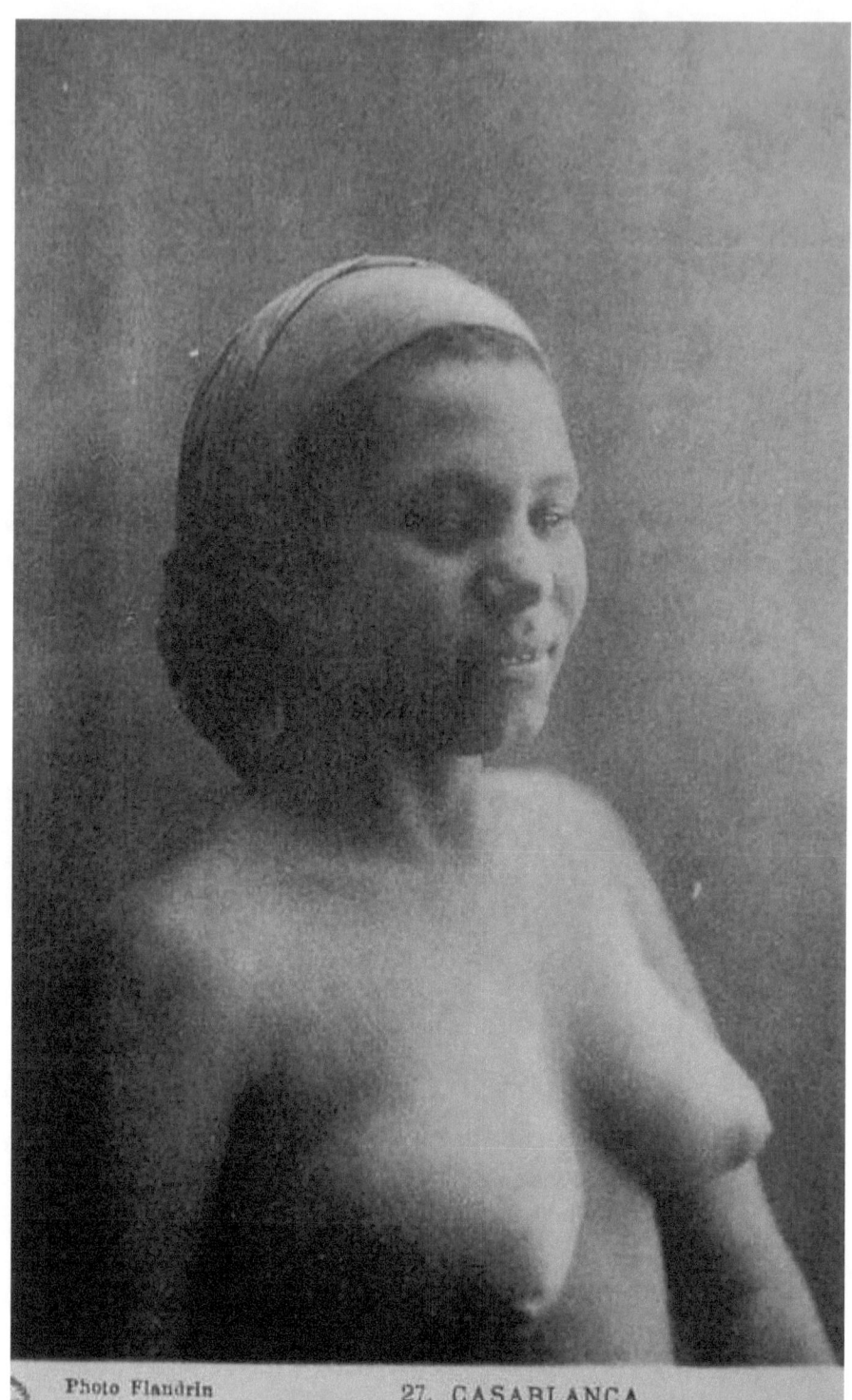

Photo Flandrin 27. CASABLANCA
Le Quartier réservé - Une Servante

Photo Flandrin 26. CASABLANCA
Au Quartier réservé - Une hétaïre de luxe

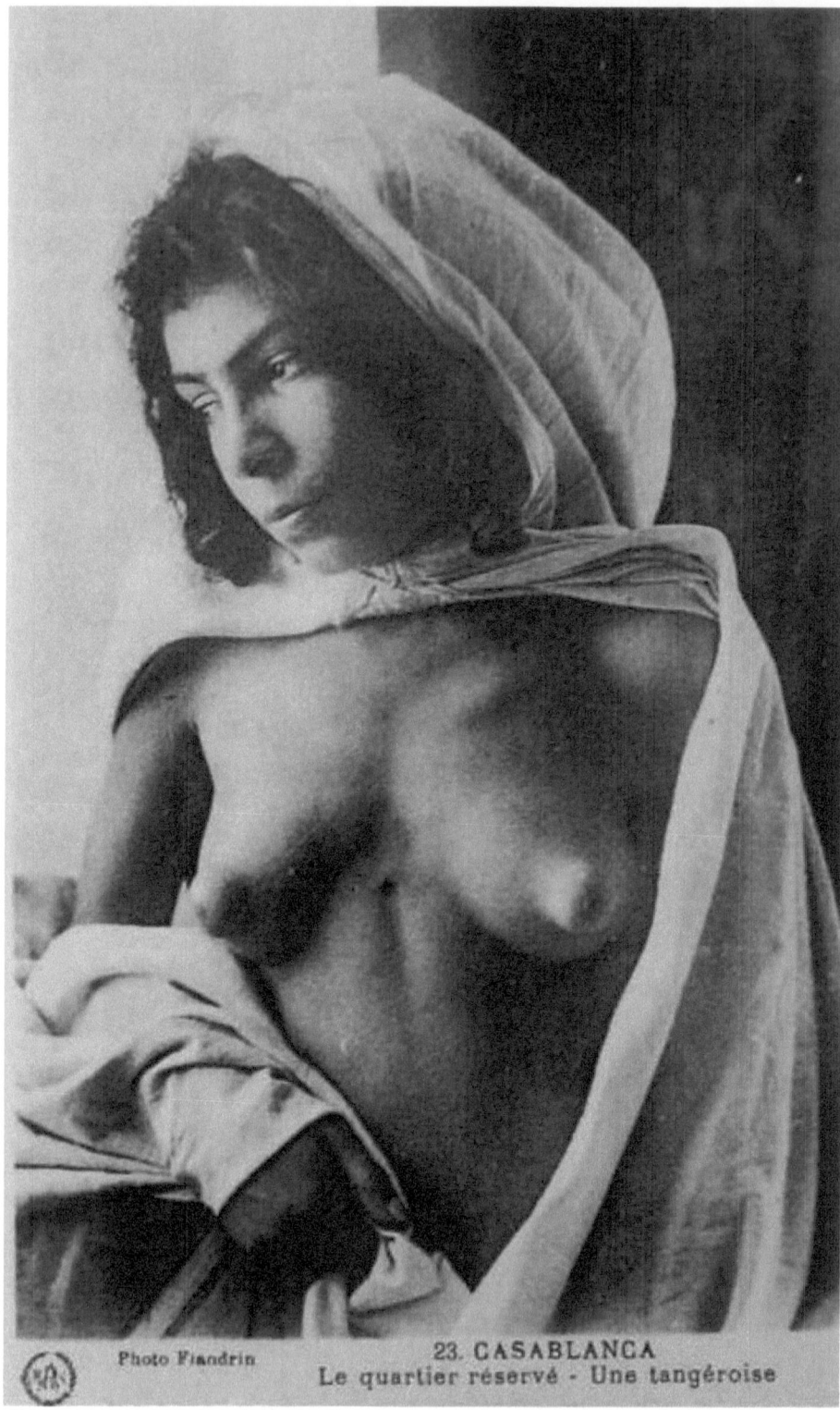

23. CASABLANCA
Le quartier réservé - Une tangéroise

Photo Flandrin 20. CASABLANCA
Le Quartier réservé - Une jolie Mauresque

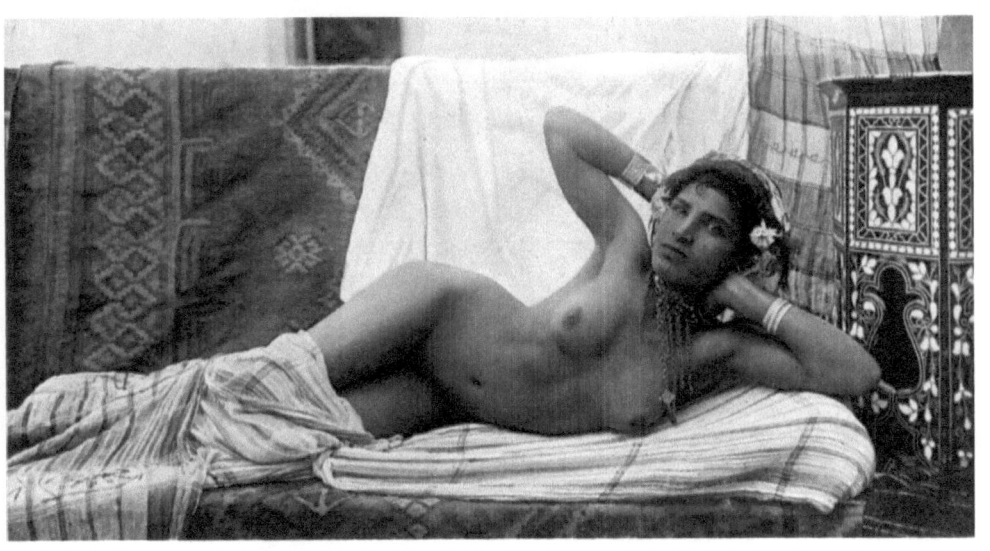

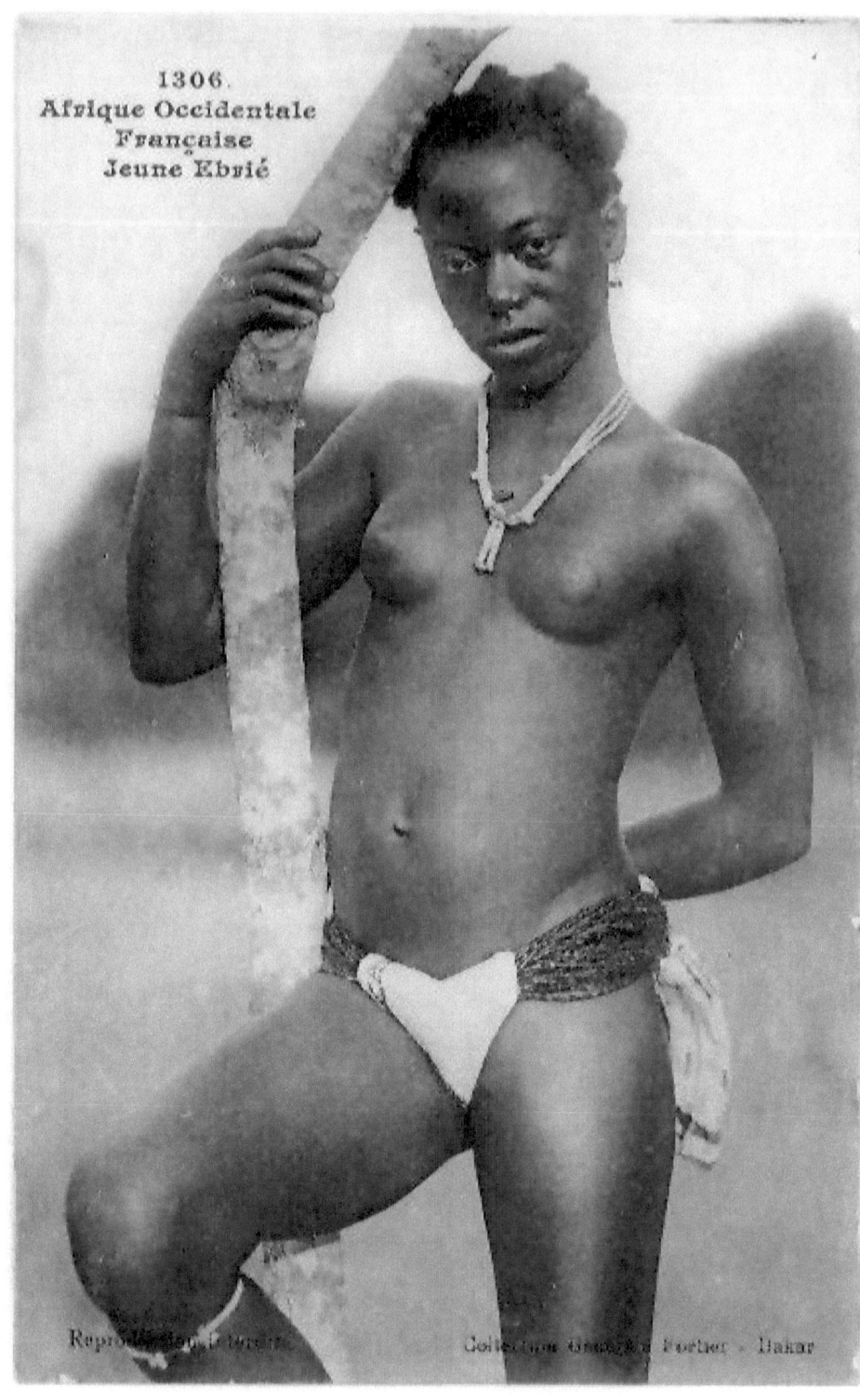

Col. générale Fortier, Dakar - Reprod. interd. - Déposé
1065. Afrique Occidentale - SÉNÉGAL — Femme "Ouolof"

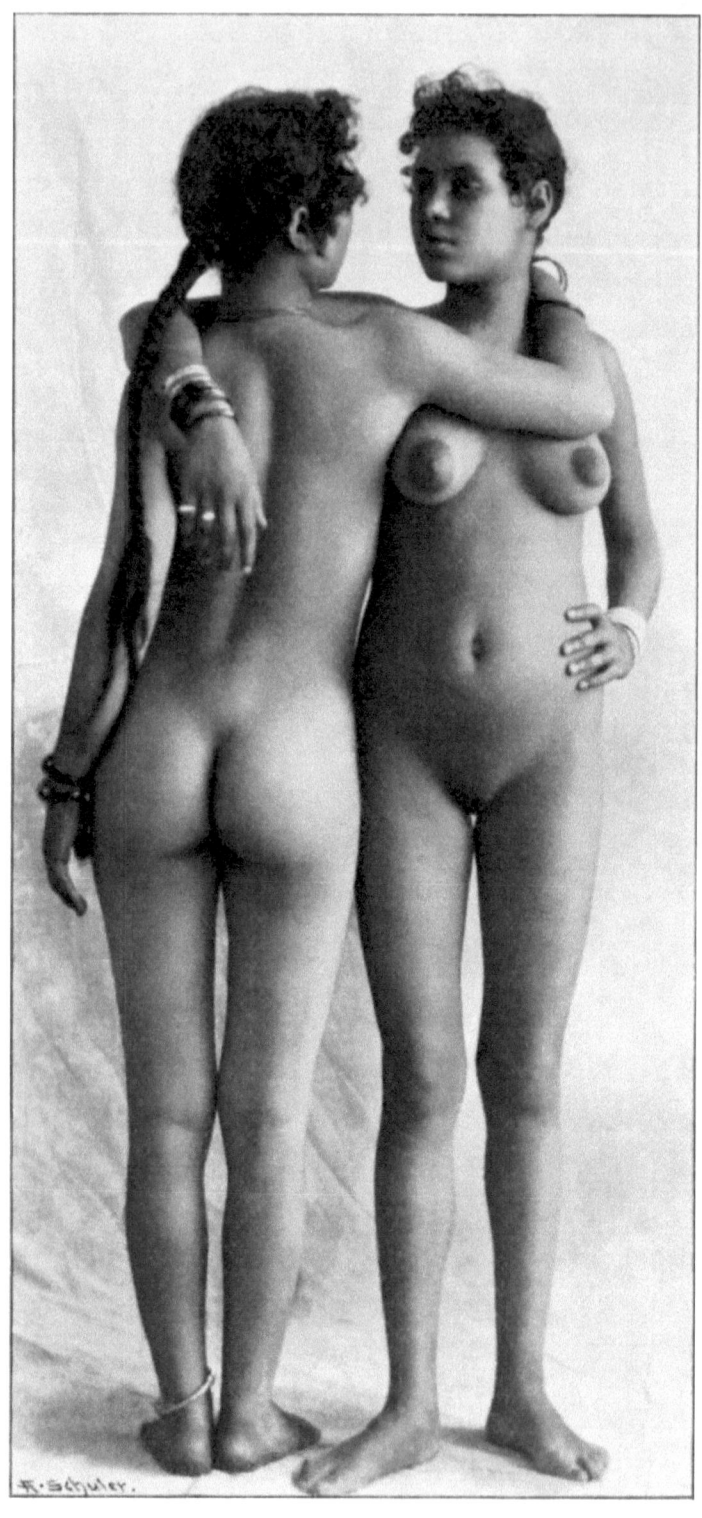

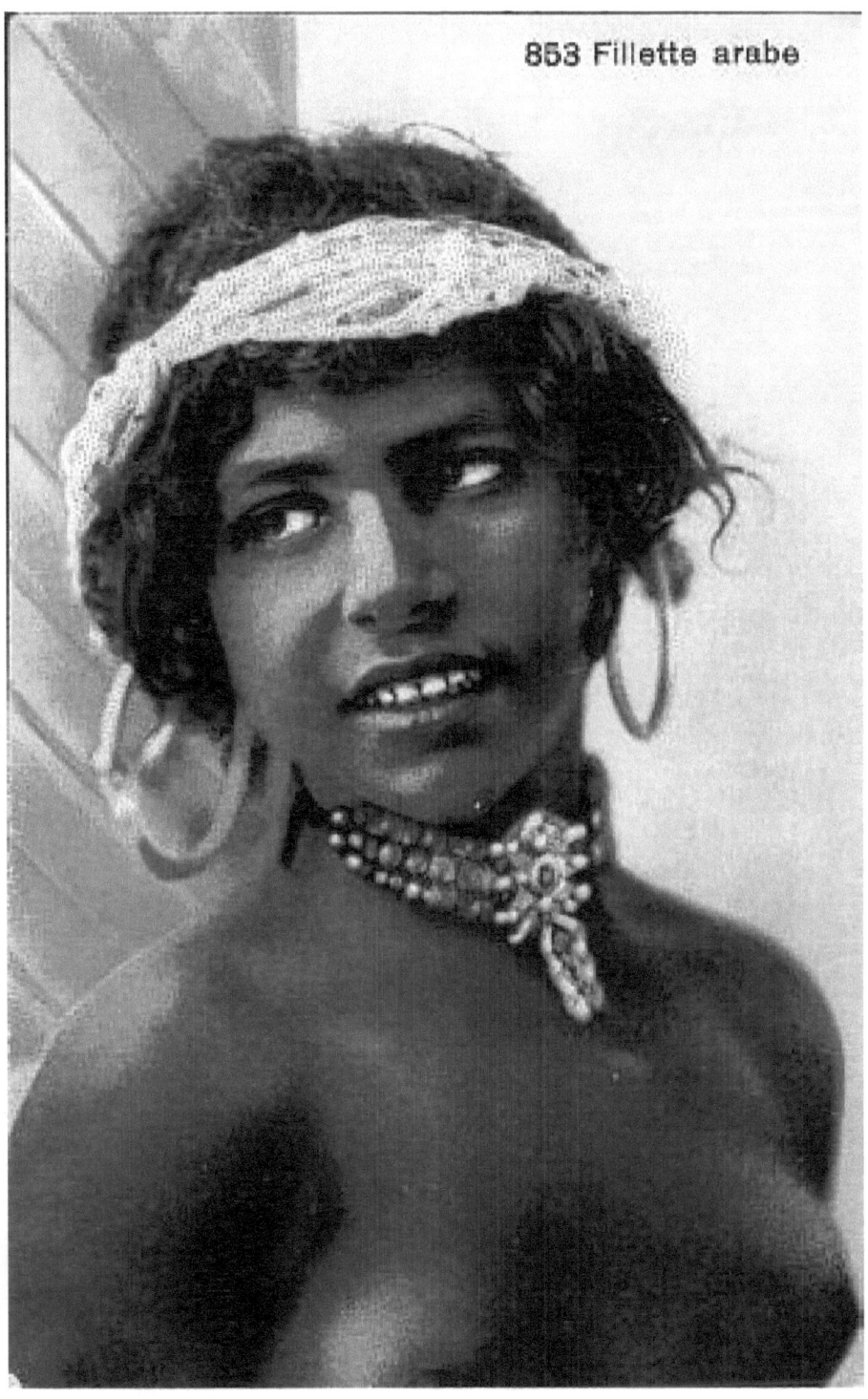

853 Fillette arabe

711 - Les deux amies.

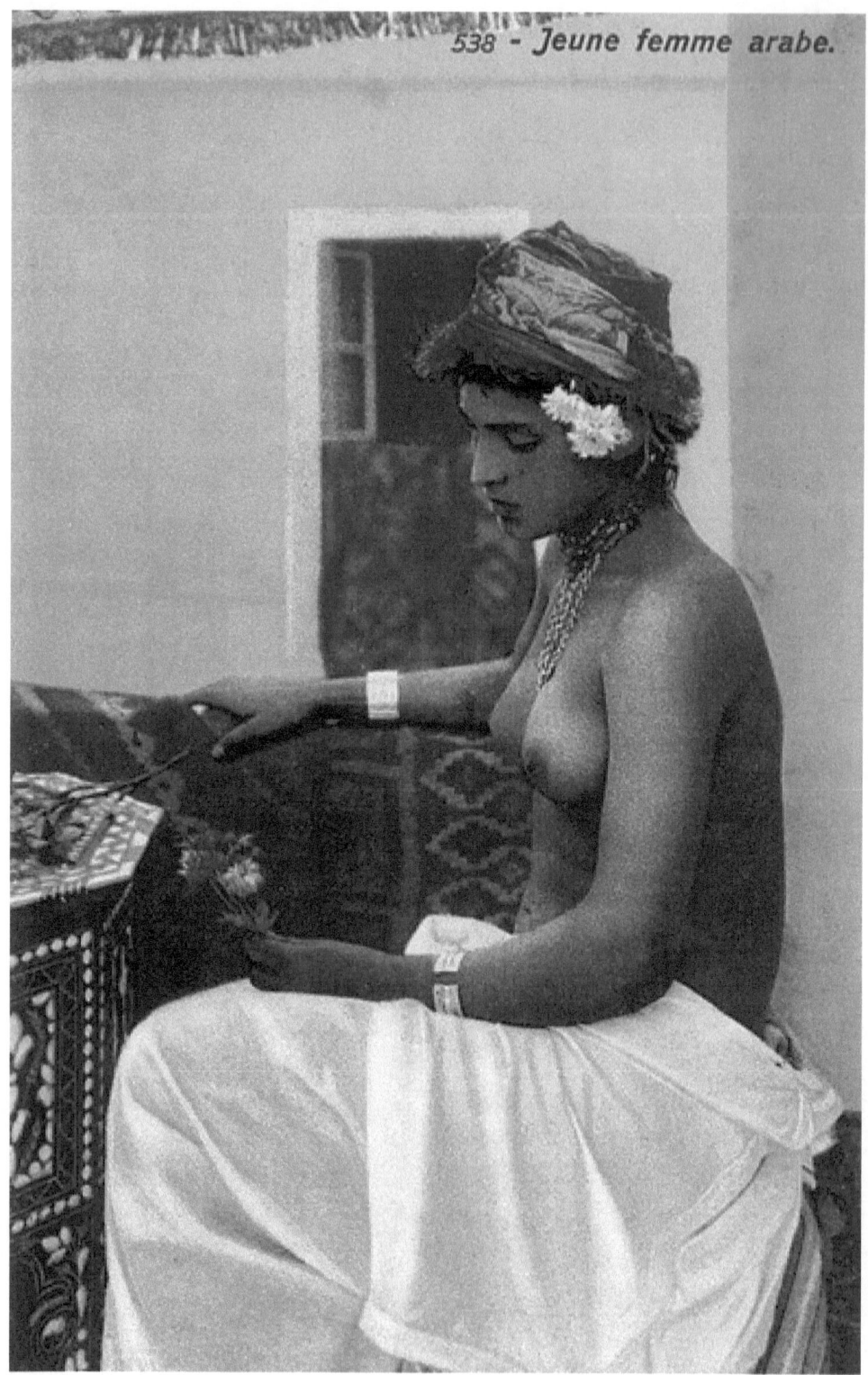

538 - Jeune femme arabe.

133 T Mauresques.

631 Une Almée

J. Geiser, phot.-Alger.

585 Masseuse de bain maure

J. Geiser, phot.-Alger

582 Bédouines dans leur intérieur

450 ALGERIE. — Mauresque dans son intérieur

528 Jeune fille du Sud

J. Geiser, phot.-Alger.

523 Jeune mauresque

J. Geiser, phot. — Alger.

487 Une aîmée

J. Geiser, phot.-Alger.

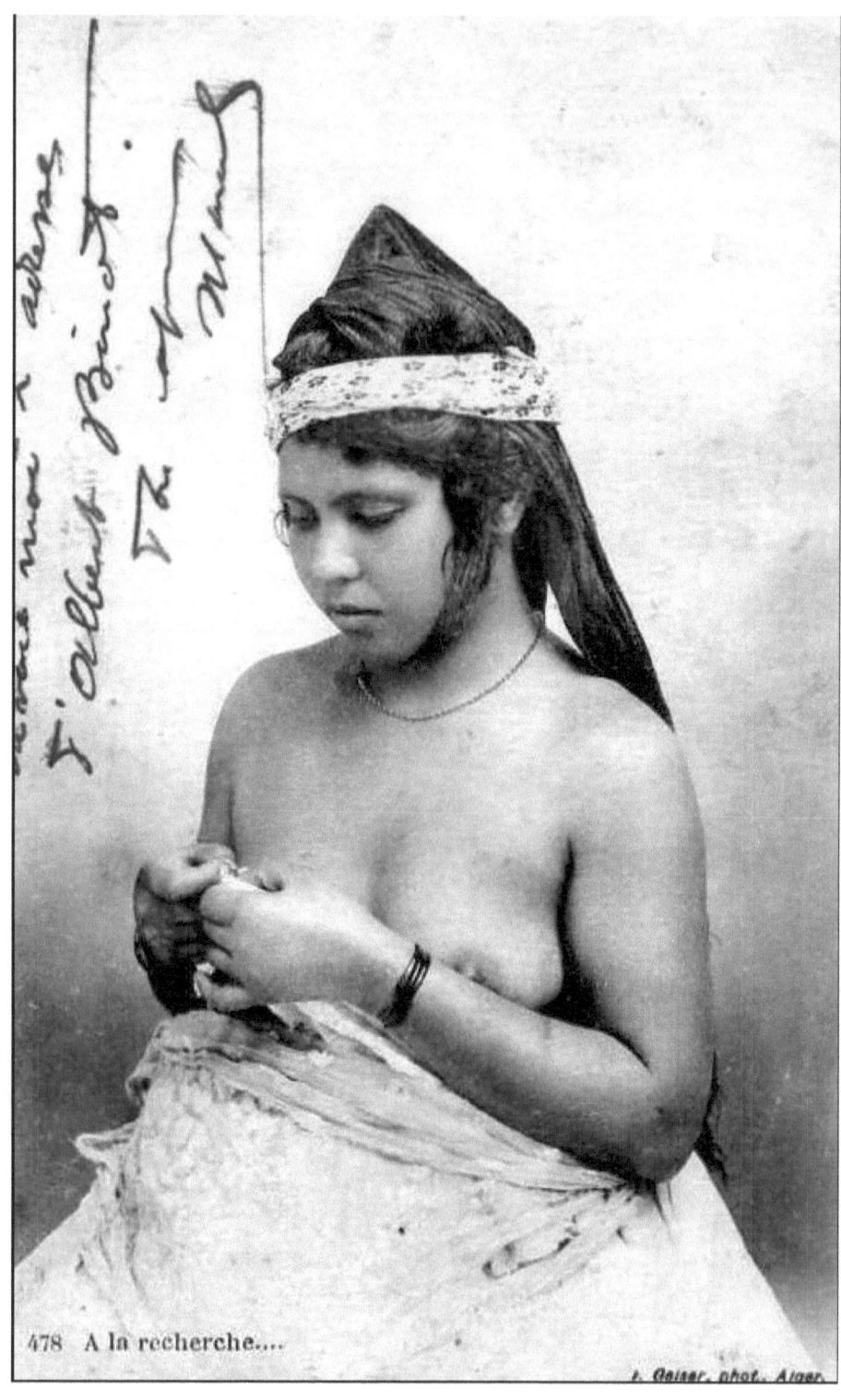

478 A la recherche....

475 Bédouine tunisienne

J. Geiser, phot.-Alger

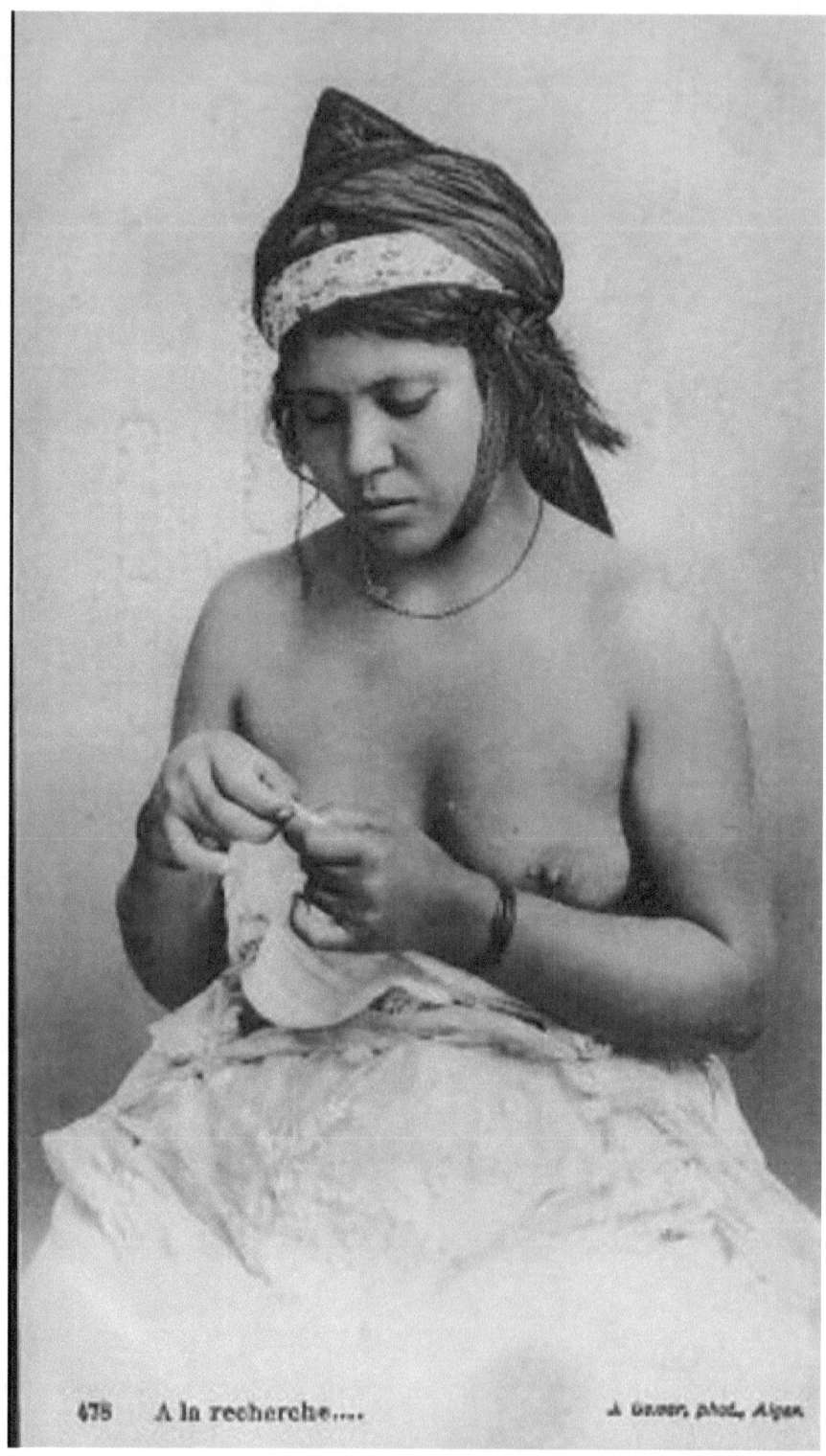

478 A la recherche....

ALGÉRIE. — Masseuse de bain maure

ALGERIE. — Femme de l'Extrême-Sud

431 Mauresque dans son intérieur J. Geiser, phot. — Alger

374 Mauresque dans son intérieur J. Geiser, phot.-Alger

428 Danse du tambourin

ALGÉRIE. — Danseuse du Sud

421 La danse du sabre

J. Geiser, phot.-Alger

417 Jeune fille du Sud

330 **Algérie**. — *Masseuse de Bain maure*
J. Geiser, Alger

La danse

Algérie. — Danse du ventre

273　　　　　　　Jeune mauresque

J. Geiser, Alger

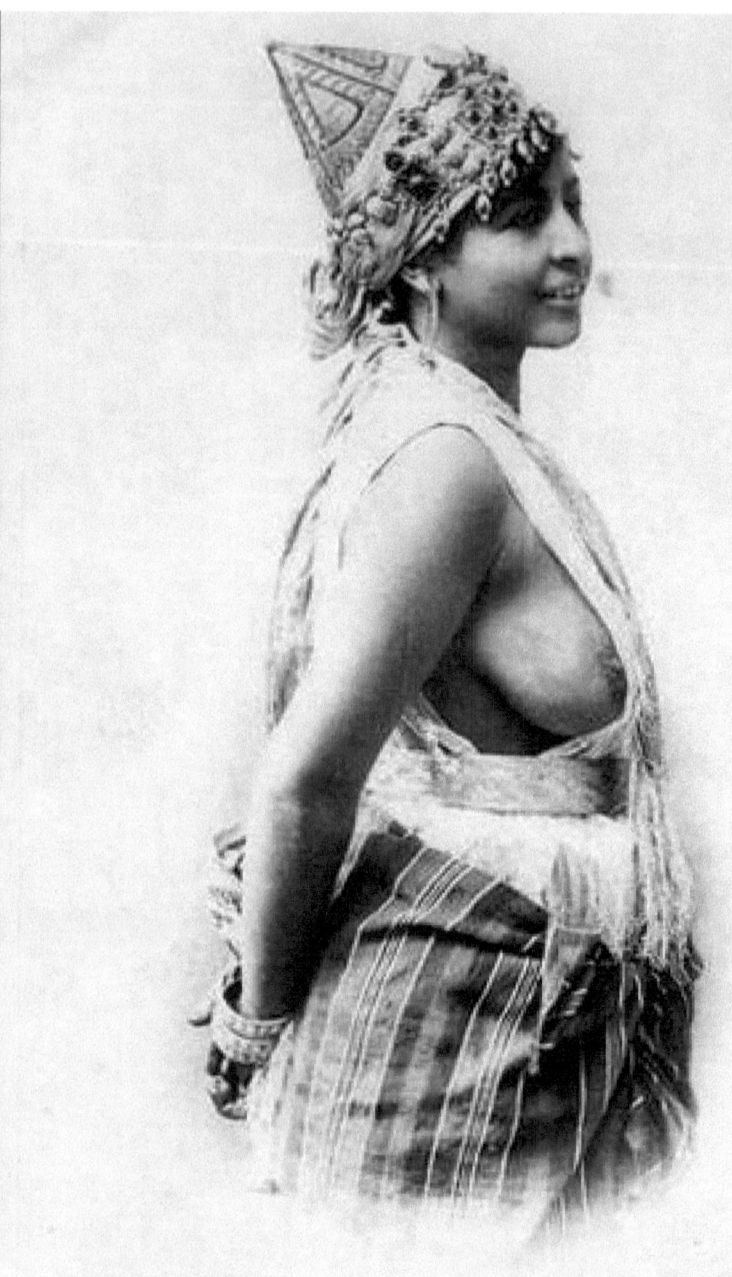

272. Femme du Sud

J. Geiser, phot.-Alger.

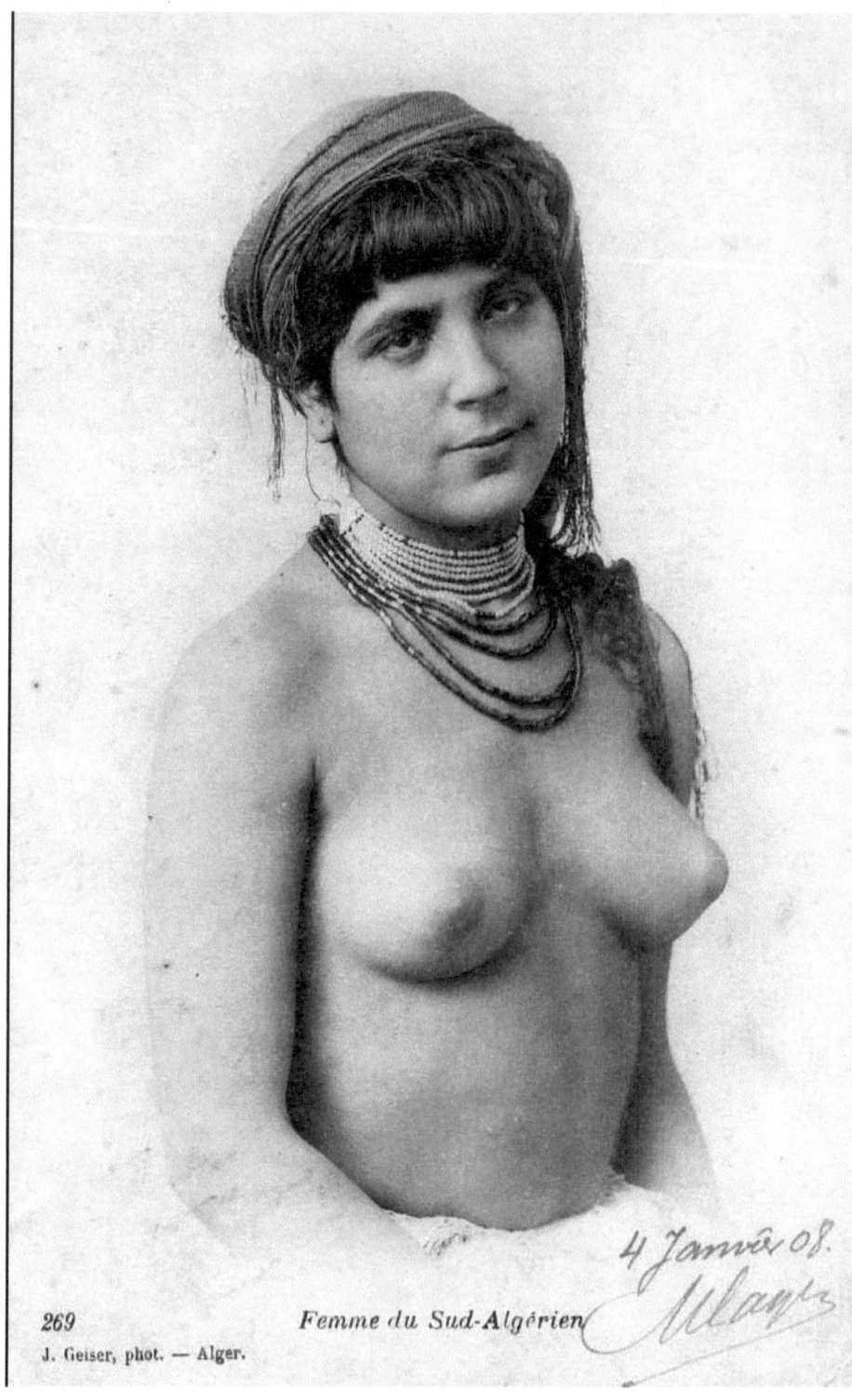

269 Femme du Sud-Algérien
J. Geiser, phot. — Alger.

Bédouine — J. Geiser, Alger

Femme du Sud-Algérien

262 *Femme du Sud-Algérien*

227 La danse du ventre

J. Geiser, phot., Alger.

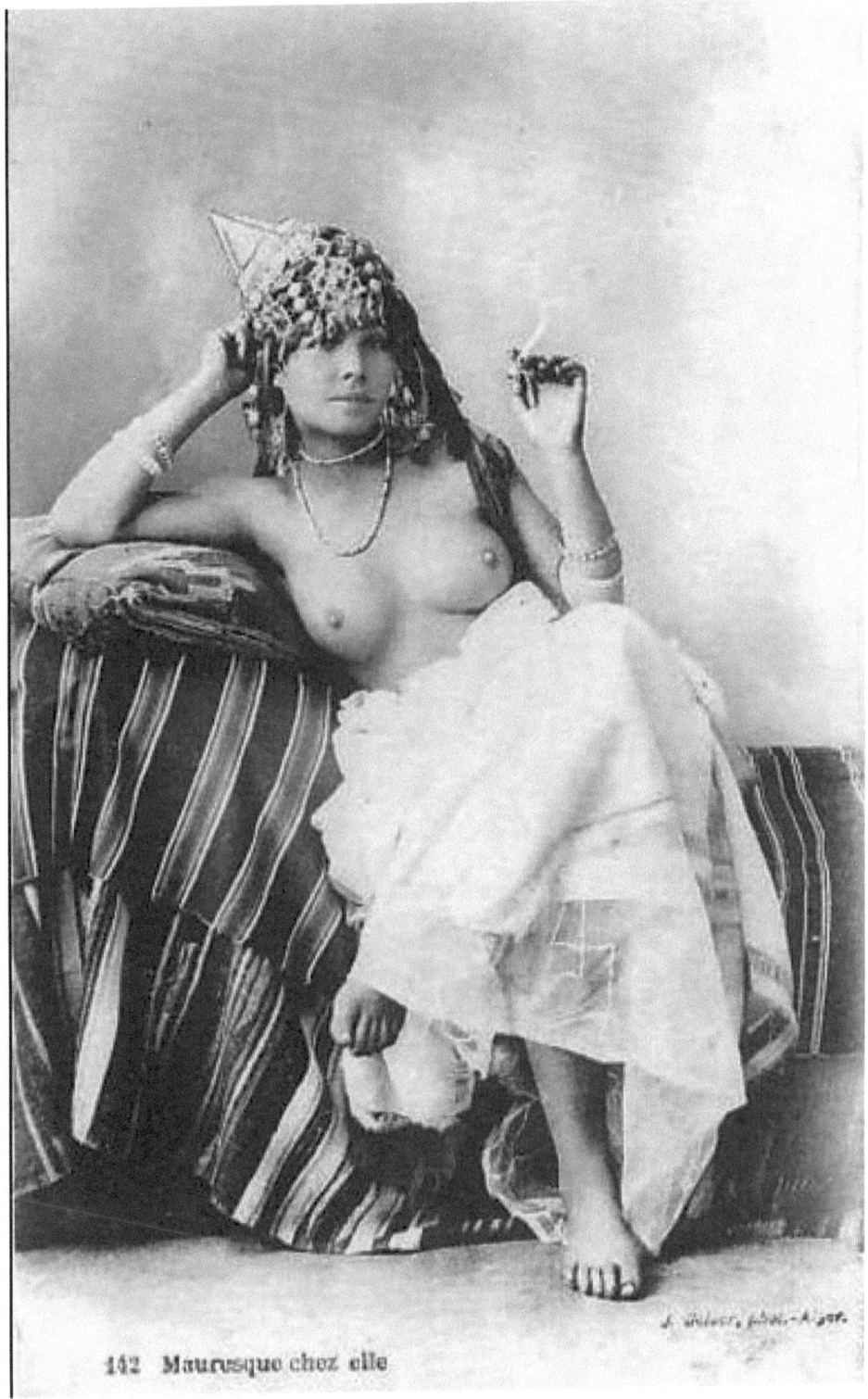

142 Mauresque chez elle

Femme du Sud Algérien. — La danse

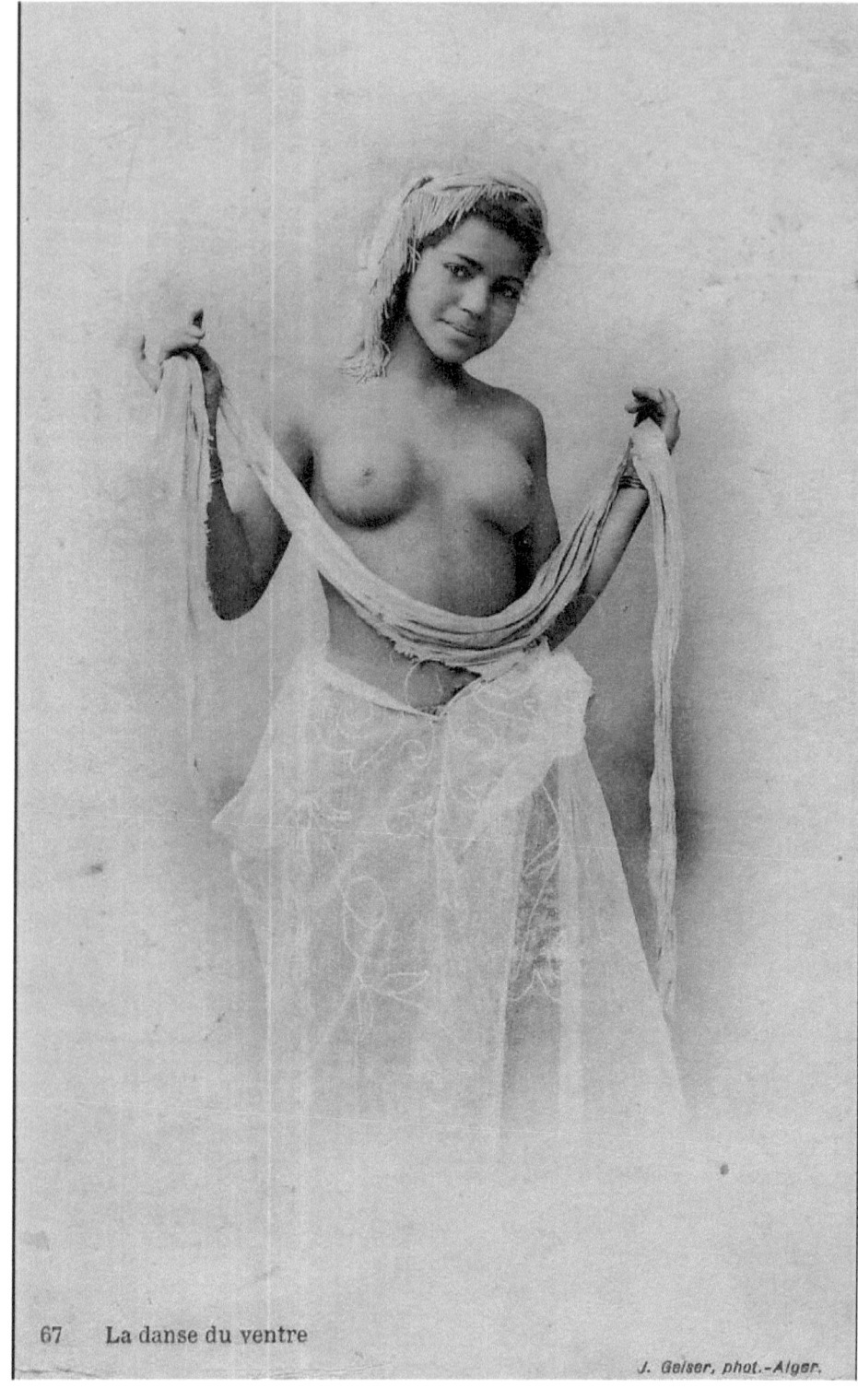

67 La danse du ventre

J. Geiser, phot.-Alger.

Une almée

ALGÉRIE. — Femme du Sud

91 Jolie danseuse

30 - Jeune Bédouine

1142. AFRIQUE du NORD — Femme berbère

La danse du ventre

TYPES ALGÉRIENS. Fileuse de laine.

872 A Jeune Femme kabyle parée de ses bijoux

876 A Jeune Femme Kabyle parée de ses bijoux. ND. Phot.

866. SCÈNES ET TYPES. Jeune Femme Kabyle parée de ses bijoux. ND

821 A — Mauresques. — Collection Spéciale P. A. — ND. Phot.

862 A — Jeune Femme kabyle parée de ses bijoux.
Collection spéciale P. A.

859 A — Mauresque. — ND. Phot.

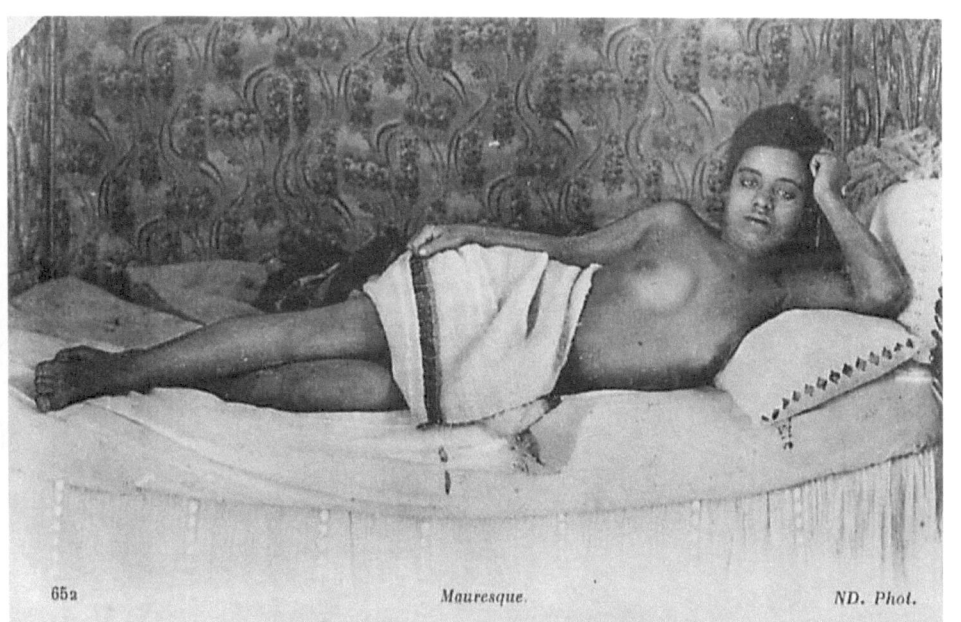

65a Mauresque. ND. Phot.

583 A — Mauresque. ND. Phot.

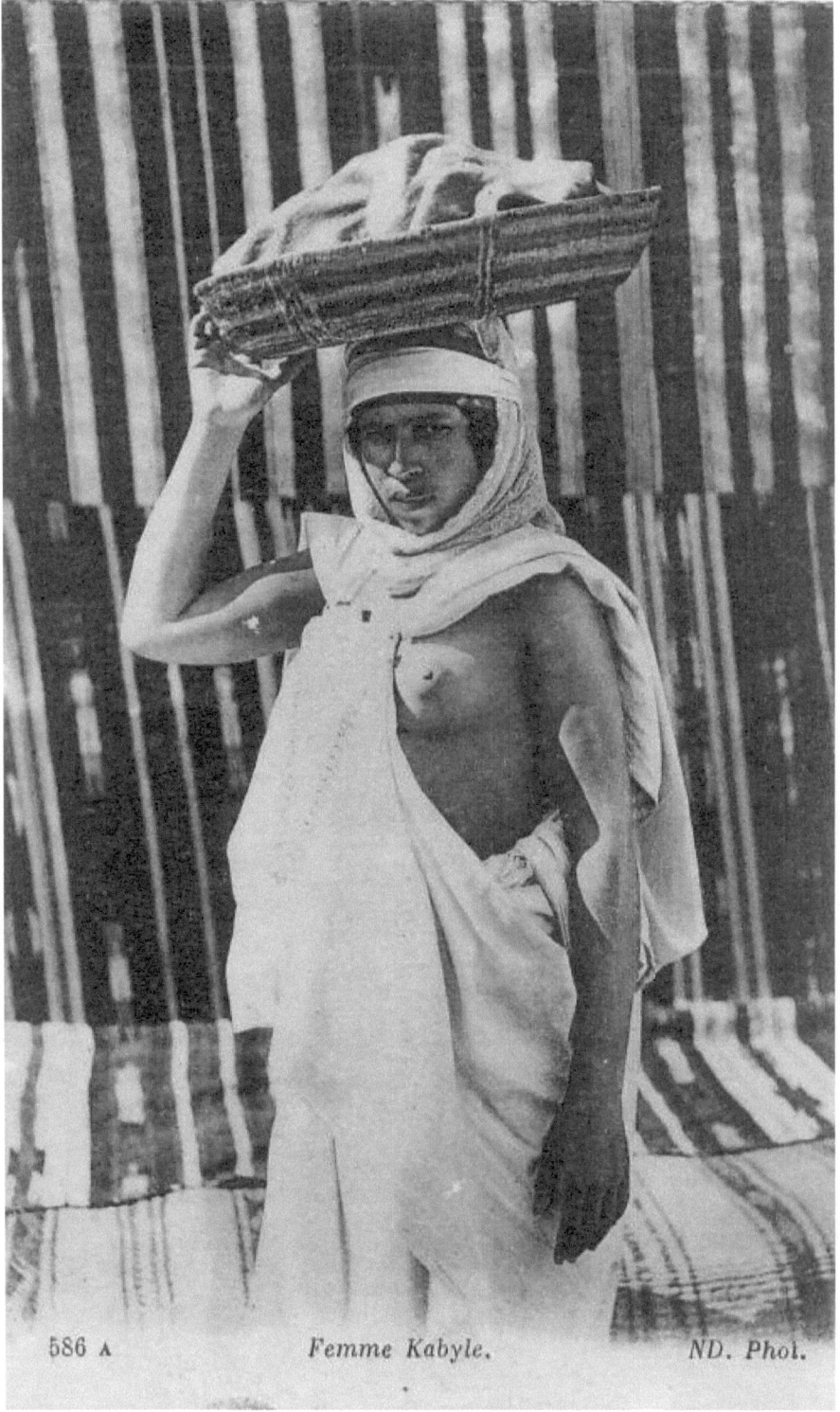

581 a Mauresque. — ND Phot.

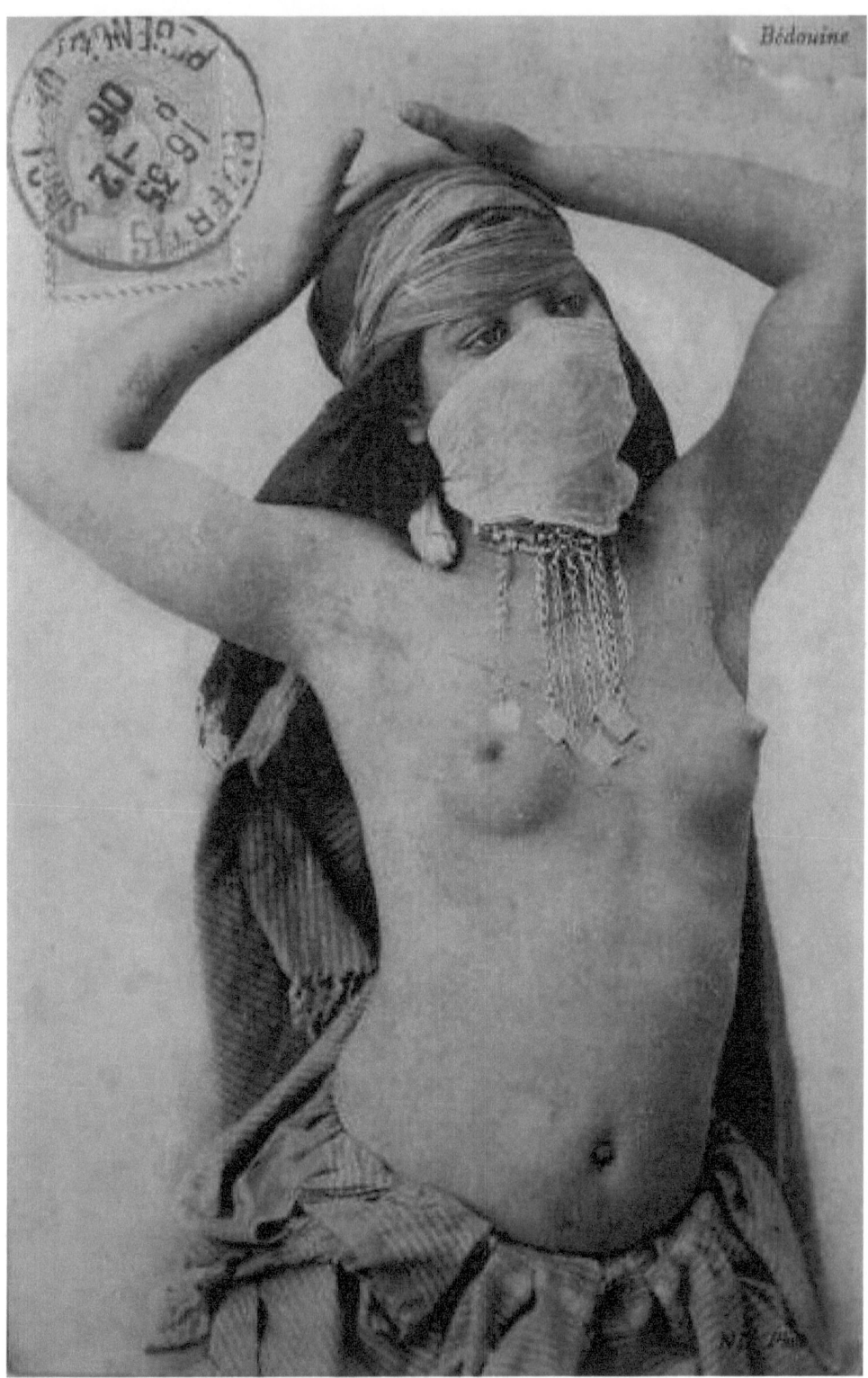

407 T Mabrouka

Jeune Mauresque et Femme Kabyle.

229 A — FEMME MAURESQUE — ND

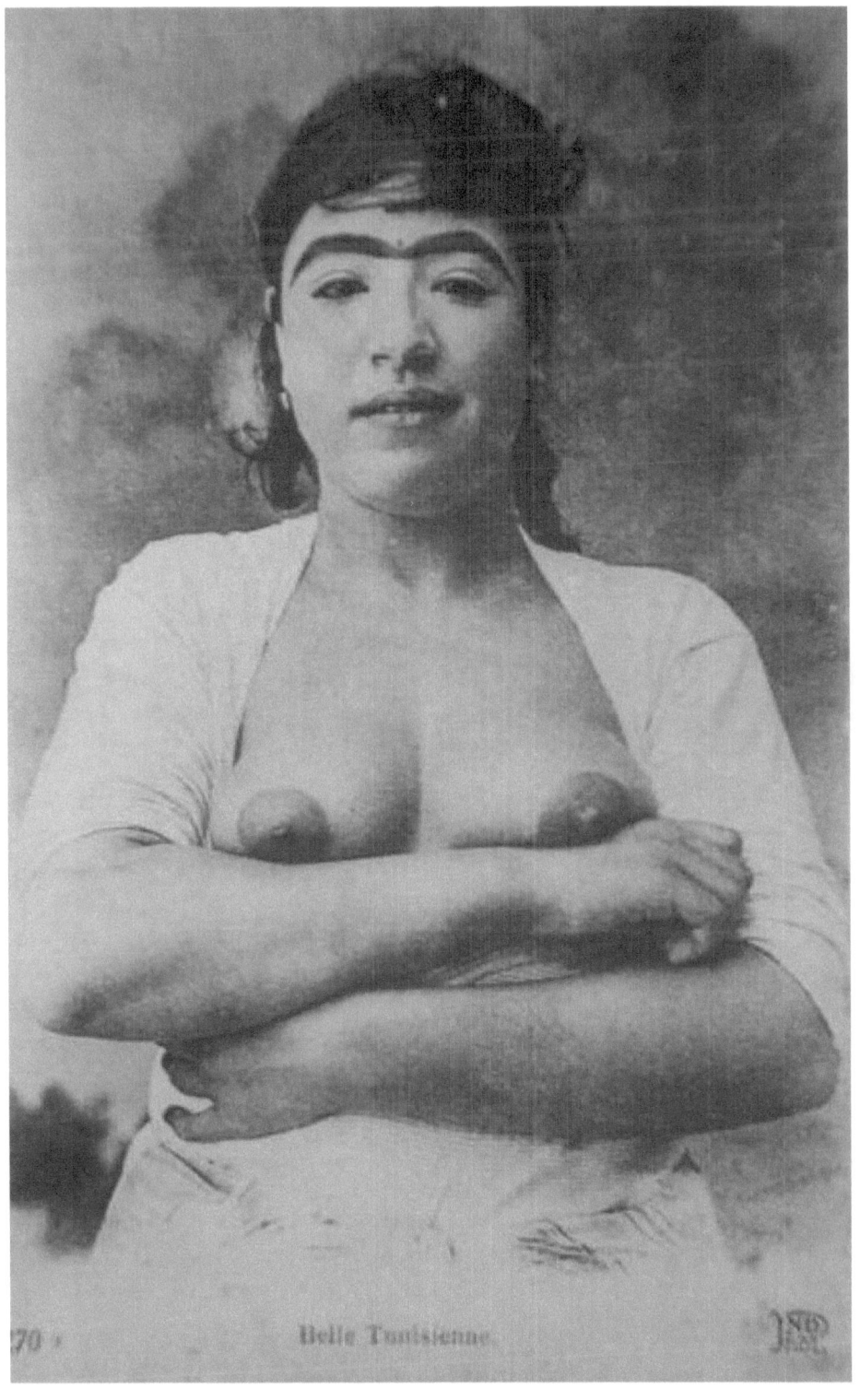

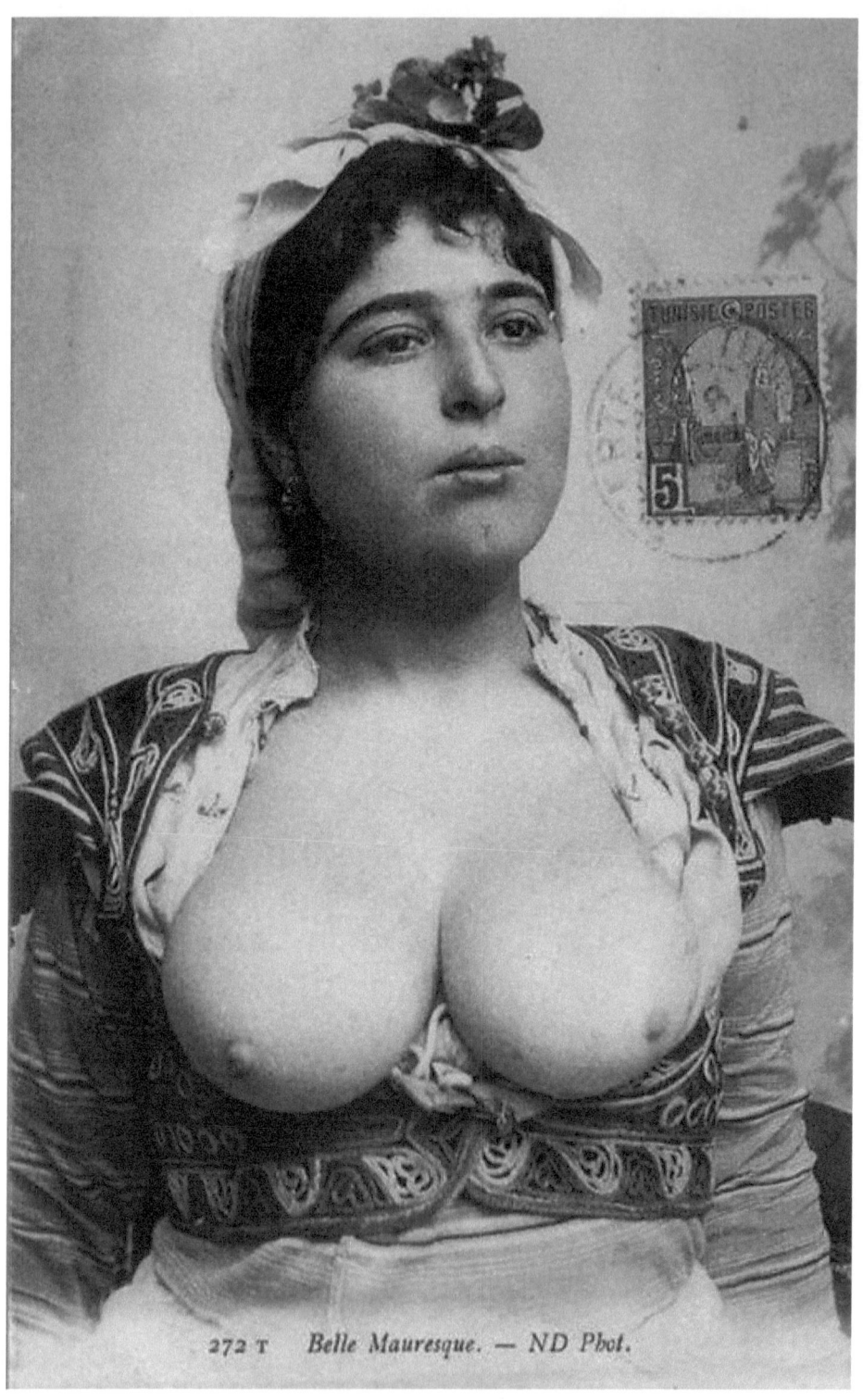

Mauresque

243 a — Mauresque. ND Phot.

236 T Danseuse Bédouine. — ND Phot.

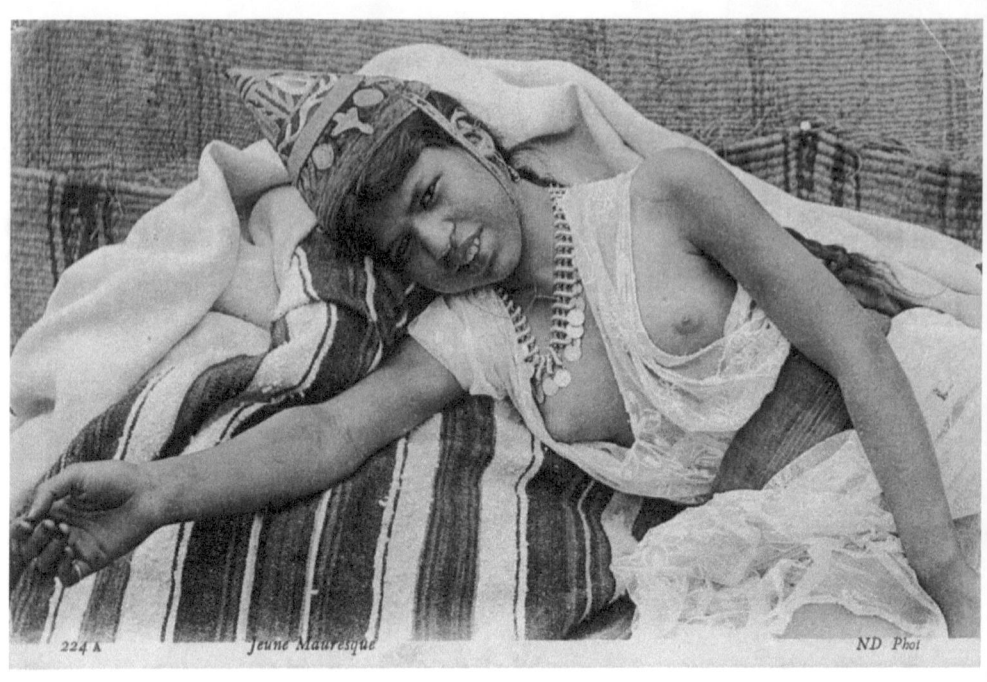

Jeune Fille Mauresque

222 A — Jeune Fille Mauresque

219 A — Jeune Fille mauresque. ND Phot.

Femme Mauresque

TUNISIE. — Bédouine

Bédouine.

Femme Kabyle se couvrant de son Haïck
Collections ND Phot

Femme Mauresque

55 (a. — Scènes et Types - Femme Mauresque. N.D.

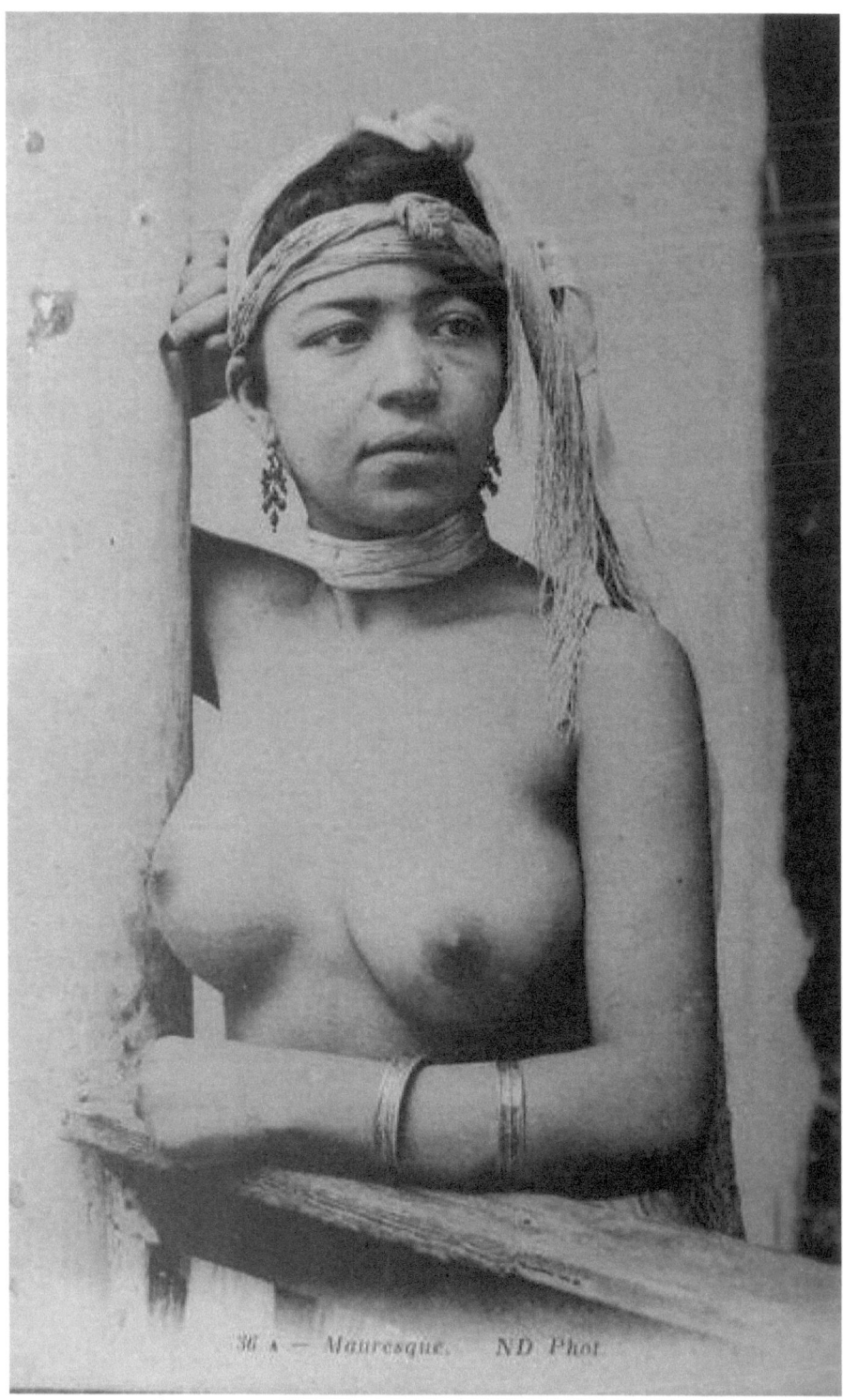

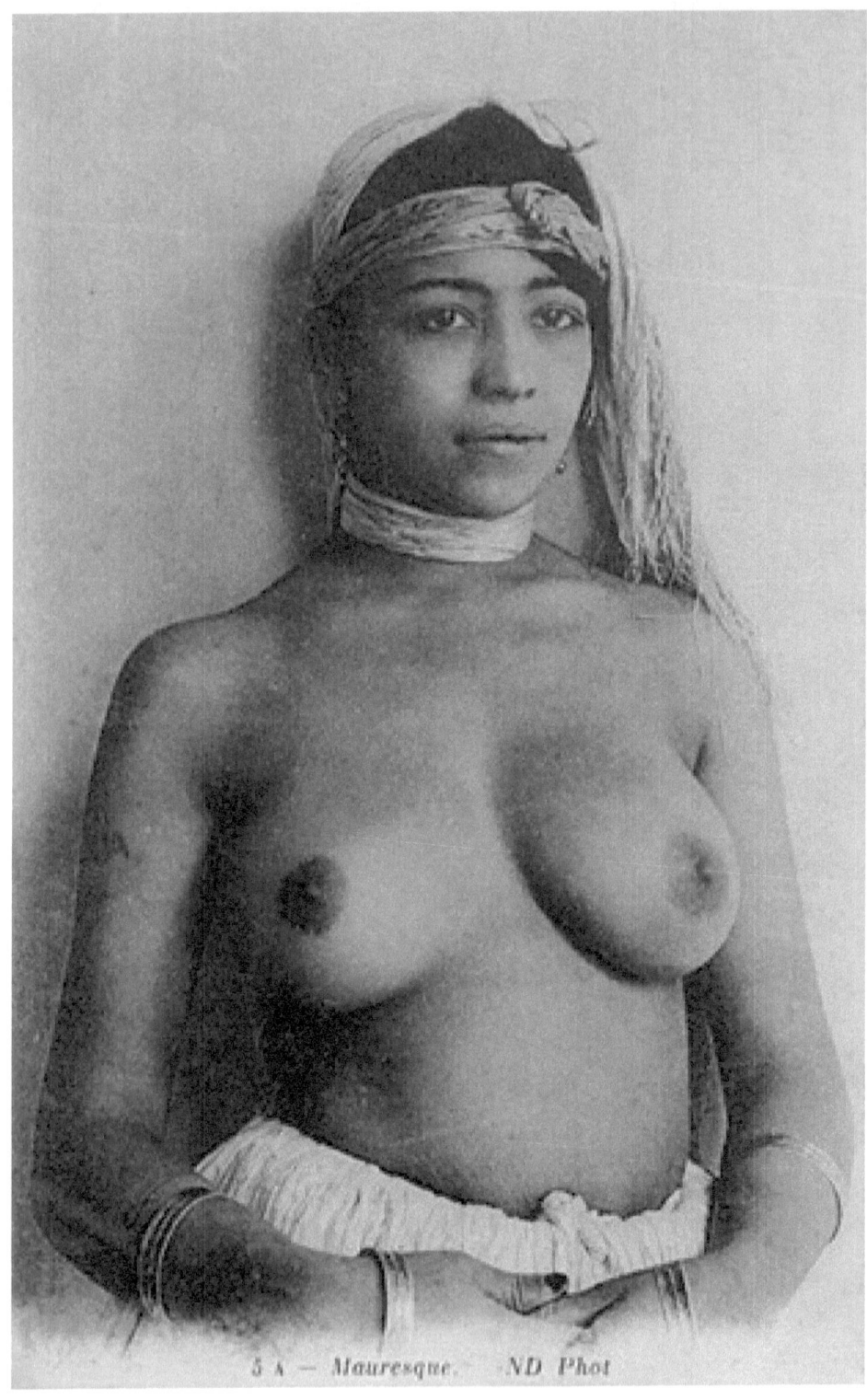

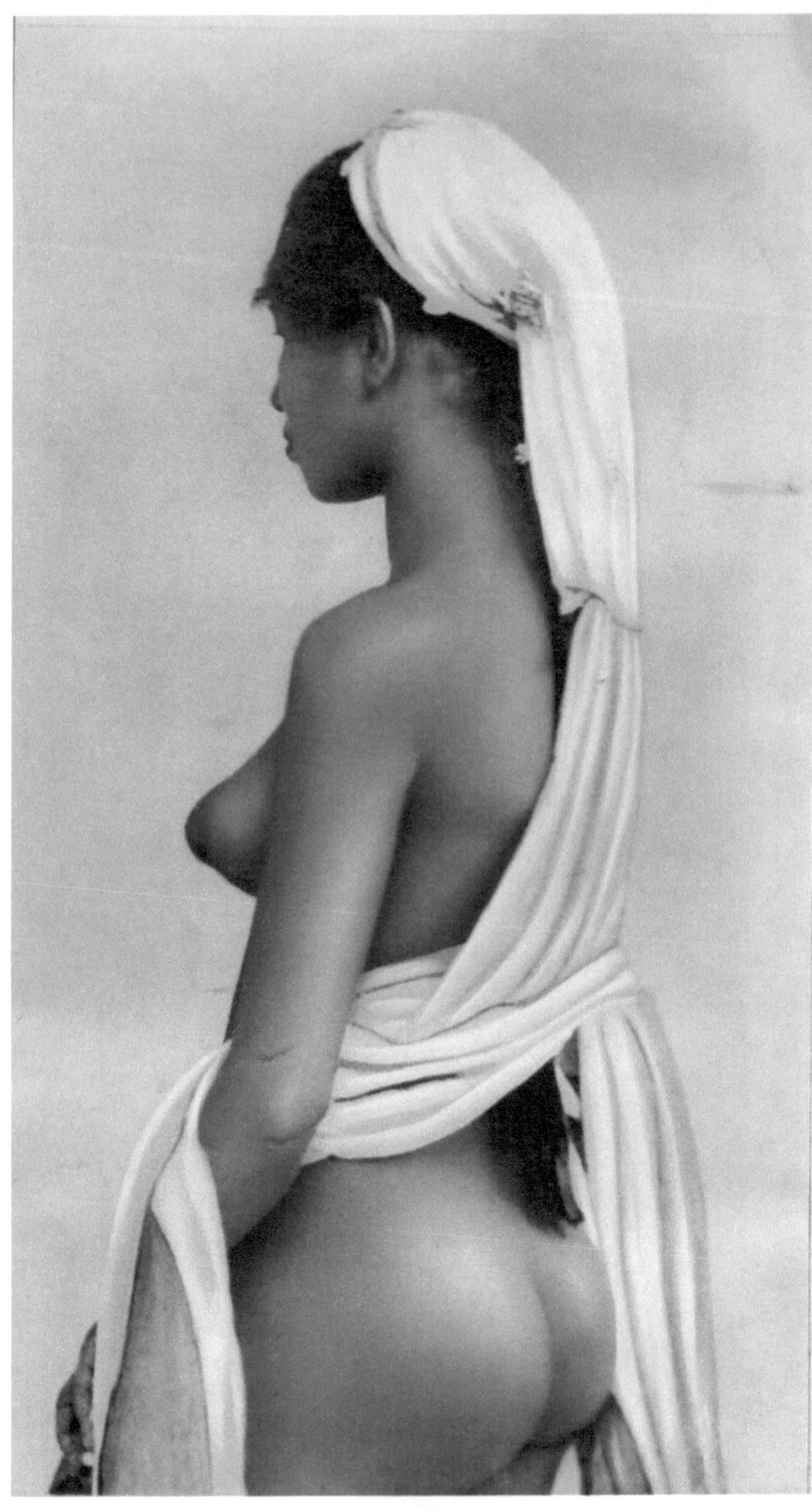

www.ingramcontent.com/pod-product-compliance
Lightning Source LLC
Chambersburg PA
CBHW030754180526
45163CB00003B/1019